D'après la "Bibliographie voltairienne", N° 789, cet ouvrage est de Desnoy-Desportes, et a été attribué à tort à Gazon-Dourxigné ; Voy. Barbier.

LETTRE
SUR LA
SEMIRAMIS
DE
M. DE VOLTAIRE.

Représentée pour la premiere fois sur le Théâtre François le 29 Août 1748.

A PARIS,

Chez JACQUES CLOUSIER, Libraire, rue S. Jacques, à l'Ecu de France.

M. DCC. XLVIII.

Avec Approbation & Permission.

LETTRE
SUR LA
SEMIRAMIS
DE
M. DE VOLTAIRE.

MONSIEUR,

E viens de voir justifier les regrets que vous aviez de partir avant la répréfentation de *Semiramis*. Le Public toujours auſſi juſte qu'infaillible dans ſes jugemens, a témoigné ſa reconnoiſſance au *Coriphée* du Théâtre François : On a admiré dans ſa Piéce le ſoin, & le travail d'un aſpirant au titre d'Académicien, & le talent ſupérieur d'un Mortel qui s'eſt rendu digne par ſa ſublime

A ij

fécondité, d'être admis à une Compagnie dont la célébrité mérite la vénération & le respect de l'Univers entier.

Vous m'avez fait la grace d'exiger de moi un détail un peu circonstancié de cet Ouvrage, je m'y suis engagé : il est de mon devoir de remplir ma promesse ; mais que je sens avec douleur mon insuffisance, & que je serois peu porté à m'acquitter envers vous, si ma docilité ne triomphoit de mon amour-propre !

. . . . Buccæ
Noscenda est mensura tuæ.

Je n'ai jamais perdu de vûe ce précepte de *Juvenal*, & si je le viole aujourd'hui, ce n'est qu'à condition que ma complaisance en obtiendra une autre de vous ; c'est de ne point donner des témoins indiscrets à cette Lettre.

Apprentif dans les régles du Poëme Dramatique, je n'ai jugé de l'Ouvrage que par l'impression, dont il a délicieusement affecté mon esprit & mon cœur. Je vous avoue même, que je trouve dans mon ignorance des charmes inconnus à ces Sçavans atrabilaires, dont l'humeur caustique & hérissée de la sévérité des régles empoisonne par des réflexions déplacées, tous les plaisirs que leur ame pourroit gouter ; sévérité, qui n'est autre chose qu'une sombre jalousie masquée du désir de conserver les régles que les Pédants du Siécle, disent être les seules qui conduisent à la plus essentielle de toutes. C'est celle de plaire.

Mais afin que vous puissiez plus fidellement me suivre dans le détail que je vous envoie, & qui sera sans doute très-imparfaitement ordonné ; j'ai jugé à propos de mettre sous vos yeux, & le nom des Personnages, & les différens intérêts, qui mettent en mouvement les contrastes, que je vais ébaucher d'après la Peinture la plus harmonique, la plus vive, & la plus parfaite que j'aye jamais vuë.

Semiramis cette Reine plus Héros que femme est le pivot sur lequel roule l'intérêt principal de la Piéce ; l'Ombre de *Ninus* son époux, & celle de *Ninias* son fils, que sa funeste ambition l'a portée à empoisonner, sont les seuls tyrans qu'elle ne peut vaincre. Accablée de remords, elle céde souvent à leur violence, & semblable aux coupables, qui s'efforcent à trouver de la tranquillité au sein du crime; elle sort de tems en tems de cet état horrible, & cherche à étouffer sous le poids de sa grandeur le funeste trait qui déchire son ame. Reine parricide, triste objet de la colére des Cieux, elle sent dans son cœur malgré son déplorable état s'allumer le flambeau de l'Amour; *Ninias* échappé à la cruelle vigilance de *Semiramis* paroît dans son Palais sous le nom d'*Arsace*, & il en est l'objet. C'est un Héros qui par des fréquentes conquêtes a détruit les ennemis de *Semiramis*, & étendu les bornes de l'Empire. La Reine l'estime par reconnoissance, & ce sentiment si naturel aux grandes ames est subitement suivi d'un sentiment plus tumultueux, c'est celui de l'Amour.

Assur Prince du Sang le plus voisin du Thrône, & Complice du Parricide, puisqu'il a préparé le poison est un Tyran, qui mettant à profit le fecret dont il est feul dépofitaire s'empare fervilement de l'autorité Royale; il n'est point d'ordre émané du Thrône qui ne foit fcellé de fa main. Ce Prince, dont le cœur s'est familiarifé avec le crime fe fait un jeu de la pufillanimité de *Semiramis* : il rit de la réponfe des Oracles & des Spectres, dont elle fe dit continuellement perfécutée : fon ambition est fon Dieu ; il n'a d'autre objet que la grandeur fouveraine, & pour y parvenir rien ne lui coûte : lâche Courtifan, il plie les genoux ; il rampe aux pieds du Thrône, & ne le quitte que pour donner à chaque inftant les fatales preuves d'un cœur empoifonné d'orgueil & de baffeffe. Pour mieux s'affurer du Thrône il porte fes foupirs ambitieux aux pieds d'*Azema* fille de *Belus* frere de *Semiramis* qui dès l'âge de quatre ans avoit eu de concert avec *Ninus* la tendre précaution d'unir les deftins de ces deux enfants par des liens contractés à la face des Autels. Il n'eft point écouté favorablement : *Azema* de même que *Semiramis* a trouvé la fource de ses ennuis dans la premiere vuë d'Arsace.

La Reine continuellement déchirée par ses remords, accablée de la tyrannie d'Assur, embrasée d'un feu que la vue d'Arsace a allumé l'appelle à son secours, il vole à ses ordres autant guidé par l'amour que lui a inspiré *Azema*, que par l'obéissance qu'il doit aux ordres de sa Souveraine. *Arsace* arrive & raconte à *Mitrane* le sujet de son voyage : *Mitrane* l'instruit de tout ce qui se passe dans le Palais, de la triste situaton de *Semiramis*, de la tyrannie d'*Assur*, & cette Scène fait la principale partie d'une exposition la plus nette, la plus claire, la plus précise que nos Auteurs les plus célébres ayent mis au jour.

Assur surpris de l'arrivée d'*Arsace*, sans que cet ordre lui ait été communiqué commence à se défier, & à développer son caractére de lâche Courtisan. *Arsace* au contraire soutient le sien par un orgueil noble & majestueux. Il se comporte en Héros qui ne peut se déterminer a descendre à la bassesse de Courtisan. Il le fait sentir à *Assur* par le vers suivant.

. . . .

J'ai dû servir la Cour & non pas la connaître.

C'est ici que l'intérêt commence, les Mages que *Semiramis* consulte, l'animent & le soutiennent. *Ninus*, répondent-ils à la Reine, veut être vengé. Le peuple demande un Maître pour voir la succession de ses Rois assurée : Semiramis jette sa vuë sur *Arsace*. *Assur* croit mériter assez afin que le choix de la Reine tombe sur lui; mais une lettre que *Ninus* a écrite au sujet fidéle qui a conservé *Ninias* commence à répandre quelque jour sur le mystére; de façon cependant que l'on a encore besoin de consulter l'Ombre *de Ninus*. *Semiramis* l'évoque; elle répond à la Reine effrayée qu'il veut être vangé. *Semiramis* revenuë de sa frayeur lui dit que si le crime qu'elle a comis exige tout son sang elle est prête à le répandre; elle s'offre à le suivre dans le tombeau : *Ninus* lui répond

. . . .

Et quand il sera temps je t'y ferai descendre.

Le Spectre disparu, *Semiramis* assemble les Mages & son Conseil, pour être témoins du choix qu'elle va faire. *Arsace*, *Azema*, *Assur*, tout le Conseil enfin jure d'appuyer le choix de la Reine: alors *Semiramis* après avoir fait voir par un discours très-éloquent, que puisqu'elle se voit obligée de donner un Maître à son peuple & un vengeur à *Ninus*, elle va prononcer sur un choix si important: elle nomme *Arsace*. Ce nom fait un coup de Théâtre, dont l'originalité a été admirée même par les jaloux déclarés de la célebrité de l'Auteur. Représentez-vous, Monsieur, combien d'intérêts différens le seul nom d'Arsace anime dans cette occasion.

Assur voit son ambition trahie, *Azema* ses esperances détruites par la perfidie d'*Arsace*, le Chef des Mages instruit de l'état & de la naissance d'*Arsace* ne peut conséquemment échapper aux sentimens d'horreur, que lui inspire ce lien incestueux. Le tonnerre gronde. Le Ciel fait voir l'horreur qu'il a de ce mariage.

Le Chef des Mages a reçu la lettre que

le sujet de *Ninias* avoit eu soin de lui envoyer avant sa mort, afin que le sort du jeune Prince fût éclairci dans une occasion favorable. Combien de contrastes également intéressants saisissent les Spectateurs dans ce Tableau, qui finit le troisiéme Acte!

Ce même intérêt est continué dans le quatriéme, qui roule sur des reproches qu'*Azema* fait à *Arsace* de sa perfidie, sur un Dialogue entre *Semiramis* & *Assur*, qui continuë de tourner en ridicule tous les signes certains de la volonté des Dieux. Il pousse même l'impiété jusqu'à se faire un jeu de ce qu'ils ont de plus respectable, & à nommer foiblesse le respect qu'on a pour eux. Cet endroit améne un Vers, qui a arraché des applaudissements universels.

. . . . Que l'on peut sans rougir
S'abaisser sous les Dieux, les craindre, & les servir.

Et dans un autre endroit:

La crainte suit le crime. Elle est son châtiment.

Enfin le temps arrive auquel *Arsace* doit recevoir un nouvel être: le Chef des

Mages lui apporte la lettre de *Ninus*: c'est dans la lecture de cette lettre, qu'il se reconnoît pour *Ninias*, qu'il apprend le crime dont Semiramis a souillé le Thrône & l'infame perfidie d'*Assur*. De combien de mouvements n'est-il point combattu ? Projet de vengeance, sentiment d'amour pour Azema, sentiment de respect pour sa mere quoique coupable. *Semiramis* vient l'inviter à venir aux autels lui jurer un amour éternel. Dans quelle situation vous le représentez-vous en ce moment? Une mere teinte du sang de son époux qui veut engager son fils à mettre le comble à ce crime par un autre qui fait frémir la nature.

Enfin *Semiramis* interdite & confuse de l'accueil que lui fait *Arsace*, qui tient encore dans ses mains le témoin irrépréhensible du Parricide (c'est la lettre de *Ninus*) la saisit & s'y voit demasquée. C'est ici le triomphe de la nature. *Arsace* embrasse les genoux de sa mere; *Semiramis* qui jusqu'ici n'a donné qu'à l'amour les moments qu'il déroboit à ses remords, écoutant la voix de la nature devient sourde à tout autre sentiment.

Le cinquiéme Acte destiné à la Catastrophe me paroît un peu gêné quoiqu'extrémement étendu. Les ressorts qui le mettent en mouvement me paroissent se rencontrer : peut-être est-ce à mon peu de discernement que je dois m'en prendre. Cependant il y a des beautés ; & l'Auteur a si sévérement veillé sur les moyens de parvenir à une punition d'*Assur* qui fût aussi diffamante, que le crime étoit horrible, que malgré le dessein qu'a formé *Ninias* d'égorger lui-même cette victime dans le tombeau de *Ninus* il se trompe & porte ses coups sur une coupable plus illustre & plus chere. C'est *Semiramis* : ce qui le rend innocemment coupable du meurtre de sa mere. *Assur* par cette erreur est destiné à périr ignominieusement ; un sang aussi impur n'étant point digne d'arroser les cendres de *Ninus*, *Semiramis* vient expirer sur le Théâtre. Elle meurt en pardonnant à son fils la fatale erreur qui a conduit son bras, & la Piéce finit.

Quoiqu'en disent les Critiques, je ne doute point que le Spectateur de bonne foi n'ait trouvé dans *Semiramis* une Reine toujours grande quoique criminelle, qu'il n'ait été en même temps frapé du caractére d'*Azema* qui aime *Arsace* ou *Ninias* avec toute l'ingénuité de *Zaïre* & toute la noblesse d'*Alzire*. *Assur* exerce une tyrannie pour le moins aussi soutenue que celle du Tyran de *Mérope*; quoiqu'ils ne s'empruntent rien : *Arsace* est un Héros au-dessus d'*Œdipe*. Et pour tout dire enfin, l'ensemble est un tout merveilleux composé de parties raprochées avec tant d'art, qu'on ne pouroit en soustraire la moins essentielle, sans ruiner l'édifice.

Mais je m'apperçois qu'en vous préparant au détail que vous m'aviez demandé je l'ai fait : sinon: je vous avouë sans rougir mon incapacité. Car exiger quelque chose de plus d'une personne qui n'a vu qu'une représentation seroit demander l'impossible. Quand les beautés sont si fréquentes dans un Poëme elles se détruisent successivement dans l'esprit des Spectateurs,

On veut faisir une beauté présente: elle est suivie, d'une autre, qui efface l'impression de la premiere. Ainsi on se retire pauvre ; mais satisfait d'avoir joui.

Lû & approuvé, ce 3. Septembre 1748. CRE'BILLON.

Vû l'Approbation, permis d'imprimer à la charge d'enregistrement à la Chambre Syndicale, ce 4 Septembre 1748.

BERRYER.

Regiftré fur le Livre de la Communauté des Libraires & Imprimeurs de Paris, N°. 3274. conformément aux Réglemens, & notamment à l'Arrêt du Confeil du 10 Juillet 1745. A Paris, le 4. Septembre 1748. Signé, G. CAVELIER, Syndic.

De l'Imprimerie de JORRY.

www.ingramcontent.com/pod-product-compliance
Lightning Source LLC
Chambersburg PA
CBHW070523050426
42451CB00013B/2824